엮은이 펠리시아 로
영국에서 초등학교 교장이자, 교육 프로그램 설계 및
콘텐츠 기획 전문가로 이름이 알려져 있어요.
오랫동안 여러 어린이 교육 콘텐츠를 개발하여 책으로 냈으며,
마더 구스 같은 170권이 넘는 어린이 책을 기획하고 글을 썼어요.

그린이 레베카 엘리엇, Q2 Media, 알리 로지
레베카 엘리엇은 영국의 켄트 주립 대학을 마치자마자
어릴 때부터 꿈꿔 왔던 화가가 되었어요.
지금은 영국과 미국의 이름난 아동 출판사에서
그림책이나 참고서에 그림을 그리고 있어요.
Q2 Media는 어린이들이 보는 참고서에 그림을 그리는 모임이지요.
알리 로지는 아동 출판사에서 그림책이나 참고서에 그림을 그리고 있어요.

옮긴이 김혜선
연세대학교 영문학과를 마친 뒤, 어린이 책을 만들고 있어요.
쓴 책으로는 《신발》《은혜 갚은 짐승들》《식물이 사라졌어》,
옮긴 책으로는 《애들은 애들이지》《날고, 걷고, 헤엄치고》
《비눗방울 편지》《개구리 한 마리》들이 있어요.
어린이들한테 소중한 꿈, 작은 생각 씨앗을 심어 주는 마음으로
책을 만들고 있어요.

꼬마 탐험가가 보는 지도책 05
서남·중앙아시아

펠리시아 로 엮음 | 김혜선 옮김
초판 1쇄 발행 2009년 11월 16일

펴낸이 | 양원석
편집장 | 최주영
책임편집 | 김지은
디자인 | 바오밥 나무
마케팅 | 정도준, 김성룡, 백준, 나길훈, 임충진, 주상우
제작 | 허한무, 문태일, 김수진

펴낸곳 | 랜덤하우스코리아(주)
주소 | 서울시 강남구 삼성동 159번지 오크우드호텔 별관 B2(우135-525)
내용 문의 | (02) 3466-8915
구입 문의 | (02) 3466-8955
등록번호 | 제2-3726호(2004년 1월 15일 등록)
홈페이지 주소 | www.jrrandom.co.kr

ISBN 978-89-255-3473-2 74980
ISBN 978-89-255-3462-6 (세트)

값 10,000원

YOUNG ADVENTURER ATLAS : MIDDLE EAST & CENTRAL ASIA
Copyright ⓒ 2007 by Diverta Ltd
Korean Translation copyright ⓒ 2009 by Random House Korea, Inc.
All rights reserved.
Korean translation rights arranged with Diverta Ltd, London through EYA (Eric Yang Agency), Seoul.

이 책의 한국어판 저작권은 EYA(Eric Yang Agency)를 통해 Diverta Ltd와 독점 계약한 랜덤하우스코리아(주)에 있습니다.
신 저작권법에 의해 한국 내에서 보호를 받는 저작물이므로 무단 전재와 무단 복제를 금합니다.

* 맞춤법과 띄어쓰기는 국립국어원의 기준에 따랐습니다.
* 잘못 만들어진 책은 구입하신 곳에서 교환해 드립니다.
* 주의 : 책 모서리가 날카로워 다칠 수 있으니 사람을 향해 던지거나 떨어뜨리지 마십시오.

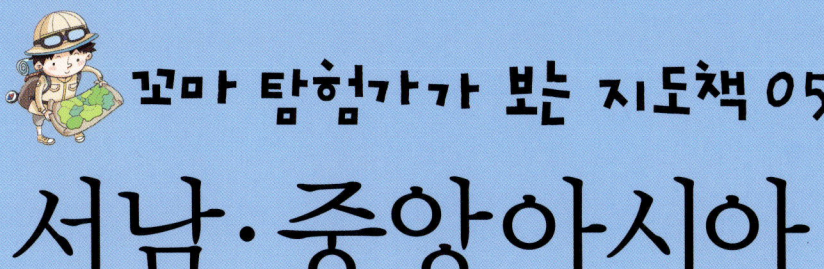

서남·중앙아시아

펠리시아 로 엮음 | 김혜선 옮김

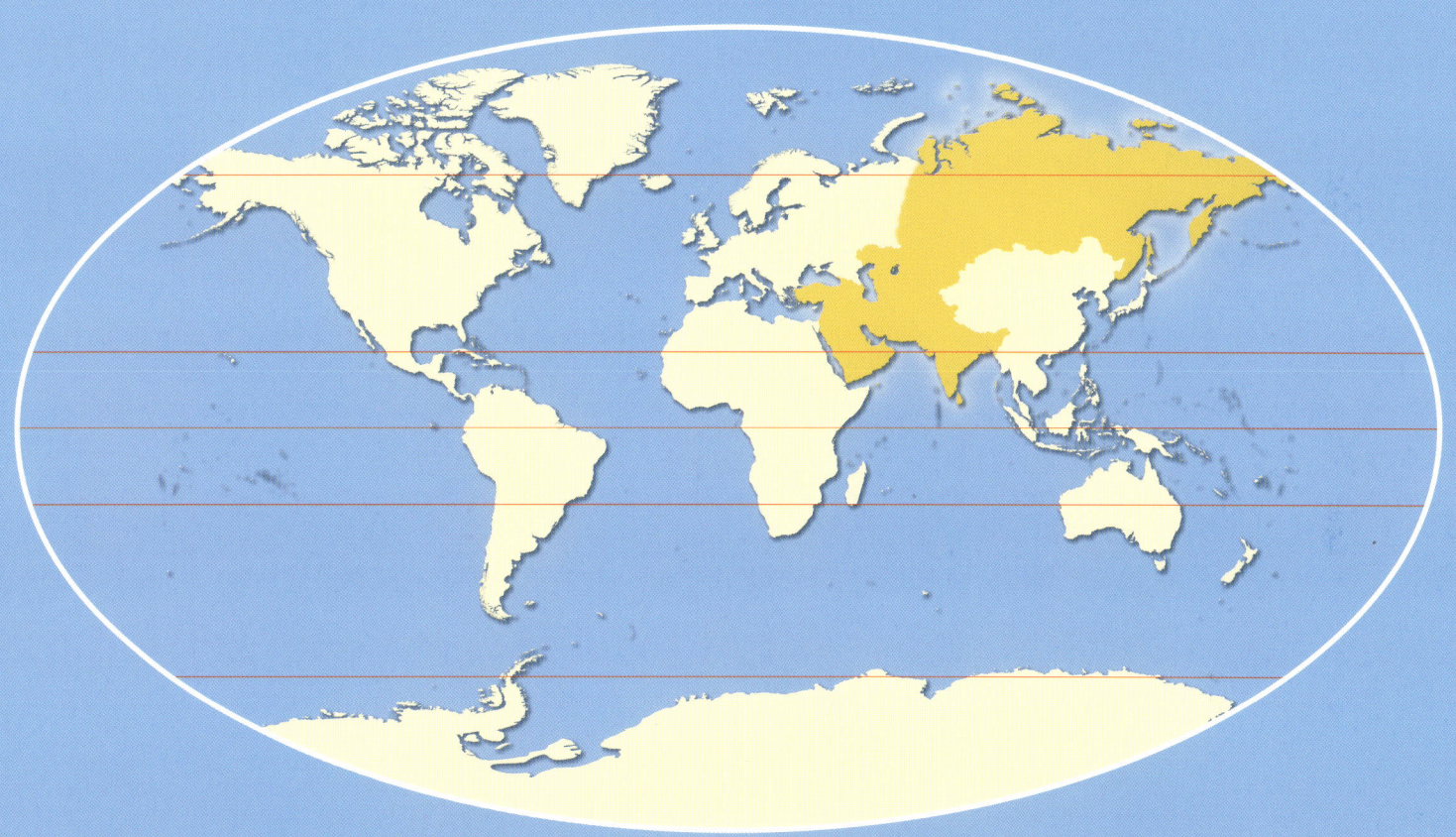

주니어랜덤

서남·중앙아시아로 떠나 볼까?

차 례

서남·중앙아시아에 온 것을 환영해요!	4-5
나라	6-7
지형	8-9
물길	10-11
기후	12-13
식물	14-15
동물	16-17
인구	18-19
민족과 풍습	20-21
가 볼 만한 곳	22-23
산업	24-25
교통	26-27
에베레스트 산 꼭대기로	28-29
용어 풀이와 찾아보기	30-31
한눈에 보기	32

서남·중앙아시아에 온 것을 환영해요!

세계는 크게 일곱 개의 땅덩이로 이루어져 있어요.
유럽, 북아메리카, 남아메리카, 아시아, 아프리카,
오세아니아, 남극으로, 이를 '대륙'이라고 하지요.

북극권
북아메리카
북회귀선
태평양
대서양
적도
남아메리카
남회귀선

적도는 지구 가운데를 빙 둘러 그린 상상의 선이에요. 적도 부근은 세계에서 가장 덥고 비가 많이 오지요.

남극권

남극권은 지구 바닥에 빙 둘러 그린 상상의 선이에요. 남극의 끝이 어디인지를 나타내지요.

남극

나침반을 보면 어느 쪽이 동서남북인지 알 수 있어요.

서남·중앙아시아는
유럽과 태평양을 잇는 넓은 곳이에요.
이곳은 크게 널따란 시베리아 평원이 있는
러시아, 인도, 인도 둘레의 여러 나라로 이루어져 있어요.

북극점

북극해

북극권은 지구 위쪽에 빙 둘러 그린 상상의 선이에요. 북극의 끝이 어디인지를 나타내지요.

북극권

아시아
서남·중앙아시아

유럽

동북·동남아시아

아프리카

북회귀선

태평양

적도

인도양

남회귀선

오세아니아

북회귀선과 남회귀선은 적도 북쪽과 남쪽에 빙 둘러 그린 상상의 선이에요. 이 두 회귀선 사이에 놓인 곳은 덥고 습하지요.

남극해

남극권

마일
0   500   1000   1500   2000   2500
0   1000   2000   3000   4000
킬로미터

마일
0   0.5   1   1.5   2   2.5
0   1   2   3   4
킬로미터

남극점

축척자는 축척을 나타내는 자예요.
축척은 지도 상 거리와 실제 거리의 비율을 가리켜요.
축척자로 지구 표면의 실제 거리가 얼마인지 알 수 있어요.

5

나라

서남·중앙아시아에는 30여 개 나라가 있어요. 이곳에는 암석이 많은 메마른 초원이나 뜨거운 모래사막이 많아요. 넓은 강이 구불구불 흐르고 눈 덮인 바위 산맥이 뻗어 있지요. 강과 산맥은 나라 사이의 경계를 이루어요. 바다가 아닌 땅이 국경이어서 이곳 나라의 사람들은 가깝게 맺어져 있으며 마치 한 부족처럼 모이기도 해요. 러시아와 터키는 서남·중앙아시아에 지리적으로 가깝지만 문화적 분류로 유럽에 속한 나라예요.

무얼 먹을까요?

- **인도** 고비 알루(꽃양배추와 감자 카레)
- **러시아** 브로스치(사탕무와 고기 수프)
- **레바논** 키베(다진 양고기 구이)
- **우즈베키스탄** 난(집에서 만든 빵)
- **터키** 터키시 디라이트(설탕에 버무린 젤리 모양 과자)

한 잔의 차

아랍 인들은 차를 시원하게 해서 마셔요. 상큼한 맛을 내려고 레몬이나 박하를 곁들이지요. 러시아에서는 추위를 쫓으려고 차를 마셔요. 사모바르라는 쇠로 만든 주전자에 차를 끓이지요. 터키에서는 차를 차이라고 하는데, 작은 유리컵에 담아 근대 뿌리 설탕을 넣어 마셔요.

긴 겉옷

더운 나라 사람들은 대부분 길고 헐거운 겉옷을 걸쳐요. 아라비아 남자들은 디슈다샤라는 면 옷을 입는데, 이 옷은 뜨거운 햇빛을 막아 주지요. 머리에 두른 체크무늬 구트라는 머리를 보호해 주어요. 인도 여인들은 시원한 긴 면이나 비단으로 된 사리를 입는데, 느슨하게 몸을 감싸 입어요.

러시아에서는 차를 커다란 찻주전자인 사모바르에 끓여요.

인도의 사리

아라비아의 디슈다샤와 구트라

지형

인도와 그 이웃 나라 파키스탄을 빼고는 대부분 거칠고 메마른 땅이어서 살기 어려워요. 대륙을 여행하기가 매우 힘들고, 물을 구하는 것도 쉽지 않으며 농사짓기는 더더욱 어렵지요. 우랄 산맥과 히말라야 산맥에서부터 서남아시아의 메마른 사막, 러시아의 대평원이나 초원에 이르기까지 모두 마찬가지예요.

엠프티 쿼터

엠프티 쿼터는 '텅 빈 4분의 1'이라는 뜻으로, 아라비아의 룹알할리 사막을 가리켜요. 세계에서 가장 넓은 커다란 모래사막이지요. 아라비아 반도의 5분의 1을 차지하며, 넓이가 거의 65만 제곱킬로미터에 이르러요. 강한 바람이 모래를 이리저리 휘몰아 사막 모습이 계속 바뀌고 아주 위험해서 사람이 살기 어렵지요. 사막에 익숙한 아라비아의 베두인 족도 언저리에 걸쳐 살 뿐이에요.

엠프티 쿼터에서는 바람이 불 때마다 모래언덕이 파도의 물마루처럼 깎여 나가요.

몰디브는 고리 모양의 산호초인 환초들로 이루어져 있어요. 환초들은 열대 바다에 많은데, 바다 밑바닥에서 솟아오른 휴화산의 꼭대기가 물에 잠기고 고리 모양의 테두리만 물 위에 보이는 거예요.

몰디브의 환초

우랄 산맥은 유럽과 아시아의 경계가 되어요.

스텝 (초원 지대)

우랄 산맥

카비르 사막

히말라야 산맥에 있는 에베레스트 산은 지구에서 가장 높은 곳이에요.

히말라야 산맥

힌두쿠시 산맥

에베레스트 산

엠프티 쿼터

데칸 고원

아라비아 반도

데칸 고원은 인도의 넓은 고원으로 인도 중부와 남부 대부분을 차지하고 있어요.

몰디브

이란의 안쪽 넓은 곳은 소금으로 덮여 있어요. 이곳이 **카비르** 사막인데, '커다란 소금 호수'라는 뜻이지요. 이 소금 사막에서는 누구도 살기 어려워요.

시베리아는 러시아와 북카자흐스탄을 아우르는 넓은 곳이에요. 서쪽으로는 우랄 산맥으로부터 동쪽으로는 태평양까지 뻗어 있어요. 북쪽으로는 북극해와 경계를 이루고 있어서 영하 68도까지 내려가는 혹독한 겨울 날씨를 보이지요.

이란의 카비르 사막

시베리아

고지대

베링 해

알타이 산맥

부호

산맥

사막

고원

화산

평원

고지대

힌두쿠시 산은 중앙아시아에 있는 매우 높은 산이에요. 가파른 카이버 고개가 파키스탄과 아프가니스탄을 이어 주지요. 카이버 고개를 지나는 좁고 구불구불한 도로는 차가 지나다닐 수 있는 하나뿐인 도로로, 1800년대 영국인들이 만들었어요.

멀리 보이는 히말라야 산맥 모습

히말라야 산맥은 엄청난 높이로 솟아 있는 산맥이에요. 커다랗고 뾰족뾰족한 봉우리들이 만년설로 꽁꽁 얼어 있지요. 이 산맥은 수백만 년에 걸쳐 만들어졌고, 지금도 계속 높아지고 있어요.

★★ **알고 있나요?** ★★

시베리아와 알래스카 사이에는 55킬로미터의 좁은 베링 해가 있어요. 수천 년 전 빙하기 끝 무렵에 이곳은 바다가 아니라 땅이었어요. 시베리아와 알래스카는 이어진 하나의 땅이었는데, 이를 가리켜 베링 육교라고 하지요.

파키스탄과 아프가니스탄을 잇는 이름난 고개는 무엇인가요?

물길

어떤 곳은 물에 잠긴 늪이고, 어떤 곳은 너무 메말라서 물이 귀한 곳이에요.
큰 강들은 히말라야 산맥에서 시작되어요. 갠지스와 인더스, 브라마푸트라 같은 강이 있지요. 이 강들이 넘치면 인도, 파키스탄, 방글라데시의 삼각주에서 홍수가 나기도 해요.
러시아의 대초원인 스텝에 흐르는 수천 개의 강은 북극해로 흘러 들어가요. 이 강들로 러시아 북부에는 늪지가 많지요. 거꾸로 서남아시아는 거의 메마른 사막이에요.

사우디아라비아의 **알하사 오아시스**는 세계에서 가장 큰 오아시스예요. 오아시스는 식물들이 잘 자랄 수 있는 곳인데, 보통 샘이나 우물 둘레에 있지요.

사우디아라비아의 알하사 오아시스

와디

와디는 마른 강바닥을 가리키는데, 비가 많이 내릴 때만 물이 흘러요. 사막 나라의 사람들은 와디에서 살아요. 땅을 파면 늘 물이 있어서지요. 가끔은 와디가 갑자기 넘쳐 사람들이 휩쓸려 가기도 해요.

아랄 해
발하슈 호
사해
페르시아 만
인더스 강
갠지스 강
브라마푸트라 강
알하사 오아시스
아라비아 해
벵골 호
인도양

바이칼 호가 얼어붙어 배가 꼼짝할 수 없어요.

비가 오면, 이 메마른 와디에 홍수가 나요.

사해는 사막 한가운데 있는 짠 호수로 요르단 강물이 흘러들어 오지요. 소금기가 매우 많고 밀도도 높아서 수영할 때 쉽게 뜰 수 있어요. 어떤 동식물도 살 수 없으며, 강물에 쓸려 온 물고기도 죽고 말지요.

사해

10 소금기가 많아서 물 위에 앉아 있을 수도 있는 곳은 어디인가요?

히말라야 산맥에서 시작된 물이 갠지스 강을 거쳐 벵골 만으로 흘러요.

아랄 해는 한때 물고기가 많은 넓은 내륙의 바다였어요. 지난 50년 동안 이곳의 물은 계속 줄어들었어요. 이곳으로 흘러들던 물은 농사에 쓰이는 수로로 흘러나갔지요. 바닷물의 80퍼센트가 줄었고, 고기잡이배들은 말라 버린 땅 위에서 꼼짝 못하고 있어요. 한때는 바닷물이 넘실대던 곳이었지요.

갠지스 강은 인도의 힌두교 인들한테 성스러운 강이에요. 누구든 갠지스 강에 몸을 적시면 죄를 씻을 수 있다고 믿어요. 믿음이 깊은 힌두교 사람들은 강기슭에서 꽃이나 먹을거리를 신한테 바치고 기도를 드려요.

바이칼 호

태평양

바이칼 호는 지구에서 가장 크고 오래된 호수예요. 330개가 넘는 강과 개천이 이 호수로 흘러들지요. 호수 표면은 일 년 가운데 대여섯 달은 얼어붙어 있어요.

바닷물을 민물로!

소금기가 많은 바닷물에서 민물을 얻어 낼 수 있어요. 덥고 메마른 나라여서 강도 호수도 거의 없는 사우디아라비아에서 볼 수 있지요.

부호

- 빙산
- 호수
- 강
- 와디
- 오아시스

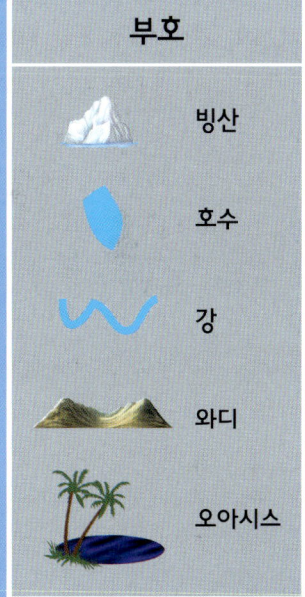

키르기스의 **이시쿨 호수**는 휴화산의 분화구에 있는 넓은 호수예요. 가까이 있는 산에서 눈 녹은 물이 흘러들어 호수를 이루었지요. 물이 무척 맑아 물속 12미터까지도 또렷이 보여요.

키르기스의 이시쿨 호수

11

기후

북부는 거의 대륙성 기후예요. 여름에는 맑고 따뜻하며 겨울에는 춥고 습하지요. 이곳에는 아주 더운 곳도, 아주 추운 곳도 있어요. 아라비아 사막은 기온이 40도를 넘어 사람이 숨을 쉬기도 힘들어요. 거꾸로 시베리아와 히말라야 산맥은 너무 추워서 사람들이 동상으로 고통 받기도 해요. 동상에 걸리면 손이나 발, 코, 귀 같은 피부가 다치지요.

짧은 여름

시베리아의 북쪽 끝, 북극권 북쪽 언저리의 여름은 한 달쯤이에요. 이때는 태양이 거의 24시간 비추어요. 그럼 날씨가 따뜻해져서 눈이 녹아요.

얼음 칼

힌두쿠시 산맥은 아프가니스탄에서 파키스탄 북부까지 뻗어 있어요. 고지대에는 눈과 얼음이 쌓여 있어요. 눈이 눌리고 눌려 얼음이 되면서 만년설을 이루어요. 뾰족한 얼음 칼도 만들어져요. 고드름이 위로 솟은 모양이지요.

북극권

시문은 아라비아 사막 지역의 바람 이름이에요. 짧게 불었다 사라지며 먼지와 모래를 몰고 회오리쳐 불지요.

이라크
테헤란
페르시아 만
아라비아
인도양
히말라야 산맥
힌두쿠시 산맥
방글라데시
스리랑카

힌두쿠시의 빙원

테헤란은 이란의 수도예요. 고대 페르시아 말인 '테헤란'에서 왔는데, '따뜻한 곳'이라는 뜻이지요. 테헤란의 여름은 따뜻하지만, 겨울에는 가끔 눈이 내릴 만큼 추워요.

방글라데시 동부에서는 **계절풍** 때 억수 같은 비가 내려요. 열대 사이클론은 엄청난 비와 강풍을 몰고 와 저지대의 삼각주를 홍수로 뒤덮어 버리지요.

러시아의 스텝은 드넓고 황량해요.

대륙성 기후가 나타나는 곳은 러시아의 스텝 같은 넓은 대륙의 한가운데예요. '스텝'은 나무가 없는 드넓은 초원을 가리켜요. 따뜻하지만 여름이 짧고 겨울은 춥고 길지요. 때때로 강한 눈보라가 드넓은 스텝을 휩쓸고 지나가요.

시베리아

스리랑카의 열대 해변

부호
- 햇빛
- 비
- 눈
- 추움
- 바람
- 모래 폭풍
- 사이클론

적도에 위치한 나라들은 일 년 내내 적도는 덥고 습도가 높아요. 지구에서 가장 더운 곳이지요.

스리랑카는 인도의 끝에서 조금 떨어진 작은 섬나라로 남회귀선에 걸쳐 있어요. 온도와 습도가 높지만, 해안은 바닷바람으로 시원해요. 일 년에 두 차례, 인도양에서 계절풍이 불어올 무렵이면 폭우가 쏟아지지요.

적도의 위아래 지역을 열대 지방이라고 해요. 이곳에서 부는 더운 **계절풍**은 많은 비와 습기를 지니고 있지요.

적도

사막의 모래바람

서남아시아의 사막에서 강한 바람이 모래를 감싸며 폭풍으로 바뀌어요. **샤멀**은 이라크와 걸프 만에서 여름철에 부는 바람이에요. 샤멀이 불어 모래바람을 일으키면 눈앞이 흐려져 2~300미터 앞조차 볼 수 없지요.

하루 24시간 낮이 이어지는 곳은 어디인가요? **13**

식물

대부분의 식물은 따뜻한 햇빛과 충분한 물로 자라 꽃을 피워 곤충들을 끌어들이고 꽃가루를 퍼뜨려요. 하지만 아주 더운 사막에 사는 식물들은 온기와 물이 거의 필요 없어요. 이곳 식물들은 뿌리를 깊이 안 내리고, 밤에 내리는 이슬 몇 방울로도 살 수 있지요. 또 뾰족하고 두꺼운 잎 안에 수분을 가둬서 낮 동안 수분이 증발되지 않게 해요.

방석 식물은 러시아 북부의 추위에서도 살아남아요.

방석 식물은 땅 위에 붙어 납작한 방석처럼 자라요. 잎들이 빽빽하게 들어차 있어 바람과 얼음, 눈으로부터 스스로를 보호하지요.

튤립의 원산지가 네덜란드라고 생각하는 사람들이 많아요. 진짜로는 카자흐스탄 산비탈이 튤립의 원산지예요.

잠자는 씨앗

세계의 과학자들은 중요한 식물 씨앗을 '씨앗 은행'에 모으고 있어요. 모아진 씨앗들은 꼼꼼하게 나누어 냉동 보관하고 있어요. 오래도록 보존하려는 것이지요.
시리아 알레포의 씨앗 은행에는 사막에 심을 수 있는 씨앗이 있어요. 이 씨앗으로 농작물의 수확을 늘리고 농가의 가축들한테도 충분한 먹이를 줄 수 있지요.

백향목은 레바논의 상징이에요. 국기에도 새겨져 있을 정도지요. 이 나무는 레바논, 시리아, 터키의 높은 산에서 아주 크게 자라요.

레바논의 백향목

커피나무의 꽃

커피나무의 아름다운 꽃은 예멘을 상징하는 꽃이에요.

러시아 북부에는 세계에서 가장 큰 숲이 우거져 있어요. 미국 땅덩이와 맞먹는 크기지요. 나무는 대부분 일본잎갈나무, 가문비나무, 소나무 같은 침엽수예요. 침엽수림을 러시아 어로는 **'타이가'**라고 하지요.

북부 러시아의 숲

대추야자

대추야자는 서남아시아 곳곳에서 자라요. 먹을 수 있는 열매가 달리지요. 중간 크기의 나무로 때로는 한 뿌리에서 여러 줄기가 나기도 해요. 잎은 뾰족해요. 열매는 우리나라 대추보다 조금 커요.

우표에 실린 꽃

인도의 열대 기후 지역에서 자라는 꽃들은 빛깔이 무척 화려해요. 그 가운데 아름답고 독특한 몇몇 꽃들은 우표에도 실렸지요.

자귀나무 꽃

붉게 물든 나무

인도의 상징인 푸른 연꽃

부호

방석 식물
튤립
백향목
자귀나무 꽃
커피나무 꽃
소나무
푸른 연꽃
대추야자

레바논을 상징하는 나무는 어떤 나무인가요?

동물

아주 덥거나 추운 곳에서는 동물이 살기 힘들어요. 살아남으려면 날씨에 적응하거나 스스로를 바꿔야 해요.

야크와 순록은 넓은 발과 온몸에 난 털로 매서운 추위를 이겨 내요. 이들은 그곳에서 자라는 억센 식물을 먹고도 얼마든지 살 수 있어요. 날쥐와 낙타는 사막에서 사는 방법을 알고 있어요. 타는 듯한 더위를 견디는 법, 아주 적은 먹이와 물로도 살아남는 법을 말이에요.

순록은 사슴의 한 종류로 주로 북극에 적응해 살아요. 발굽이 넓어서 눈 위는 물론 미끄러운 얼음 위에서도 잘 걸을 수 있어요.

순록

날쥐는 아라비아와 이란의 사막에서 굴을 파고 살아요. 발바닥에 털이 있는데, 사막에서 눈 신발(설피) 구실을 하지요.

코브라는 독을 가진 뱀이에요. 작은 사냥감을 물어 꼼짝 못하게 한 뒤, 통째로 삼켜 버려요.

낙타

날쥐

야크

코브라

아시아코끼리

아라비아 오릭스

인도들소

수염수리

사막에 적응한 동물

낙타는 사막 동물이에요. 두 쌍의 긴 속눈썹이 있지요. 길게 말린 한 쌍은 햇빛을 막는 가리개 구실을 해요. 또 짧고 곧게 뻗은 다른 한 쌍은 모래로부터 눈을 보호해 주어요. 햇빛이 머리 위쪽에서 비칠 때는 넓게 튀어나온 이마뼈가 눈을 가려 주지요.

아시아코끼리는 인도코끼리라고도 하는데 아프리카코끼리보다 작아요. 이들은 스리랑카의 숲이나 평야에 살지요. 많게는 30마리까지 무리 지어 돌아다니는데, 나이 든 암코끼리가 무리를 이끌어요.

아시아코끼리는 종교 행사나 잔치에 쓰여요.

아라비아오릭스는 덩치가 큰 영양이에요. 사막 가까운 메마른 곳에서 살지요. 물을 안 마시고도 한참을 버틸 수 있어요.

인도들소는 야생 들소로 무리를 지어 살아요. 크기가 크며, 등에 안장 같은 혹이 달려 있지요.

순록은 먹이를 찾아 눈 속 깊은 곳까지 파헤쳐요.

야크는 야생의 고산 지대에 살아요. 적게는 열 마리부터 많게는 백 마리까지 무리를 이루지요. 나이든 수컷 몇몇이 무리를 이끌어요.

야크는 식물이 드문드문한 곳에서도 살 수 있어요.

불곰은 시베리아의 눈 덮인 들을 돌아다녀요.

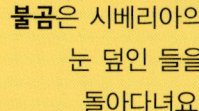
불곰

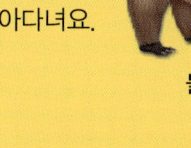
시베리아 호랑이

사는 지역

산		
사막		숲

후투티

수염수리는 인도의 높은 산속에 둥지를 틀어요. 다른 독수리들과 마찬가지로 죽은 동물을 먹고 사는 청소 동물이지요. 썩은 고기는 대부분 남기고, 뼈만 잘게 쪼아 먹어요.

후투티는 중앙아시아에 살아요. 까맣고 흰 줄무늬 날개와 볏, 부채 모양의 꼬리가 있지요. 후투티라는 이름은 울음소리 때문에 생겼어요. 몇 차례 되풀이해서 울음소리를 낸 뒤, 부리로 땅을 쪼지요.

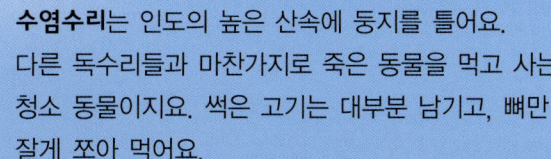

시베리아 호랑이

시베리아 호랑이는 지구 상에서 가장 큰 고양잇과 동물이에요. 모진 시베리아의 겨울을 이겨 내려면 하루에 10킬로그램쯤의 고기를 먹어야만 하지요. 겨울철 시베리아 호랑이의 털은 하얀빛으로 바뀌어요. 눈 속에 자기를 숨기거나 위장하려는 거예요. 또 살아남으려고 털이 더 길고 빽빽하게 자라지요. 시베리아 호랑이는 사냥꾼들로부터 보호되어 특별 보호 구역에서 살아요.

시베리아 호랑이는 눈 속에 자기 모습을 감추지요.

수염수리는 어떤 새인가요?

인구

파키스탄, 인도, 방글라데시에서는 도시와 시골 어디나 많은 사람이 살고 있어요.
이에 견주어 다른 나라들은 인구 밀도가 매우 낮아요.
서남아시아에는 큰 도시가 몇 개 있지만, 북부에는 사람이 거의 안 살아요.

터키의 이스탄불 중심가

신성한 도시

사우디아라비아 왕국에는 이슬람교의 성지, 메카가 있어요. 이슬람교도한테 이 신성한 도시가 중요한 까닭은 이곳이 이슬람교 창시자인 마호메트가 태어난 곳이라서예요. 이 도시에 사는 사람보다 훨씬 더 많은 순례자가 이곳을 찾아오지요.

알고 있나요?

서남아시아는 여자에 견주어 남자가 훨씬 많아요. 이를테면, 카타르에서는 남자가 여자의 세 배쯤 되지요.

두바이의 높은 빌딩들

다른 나라에서 온 사람 덕분에 성장하는 도시

아랍 에미리트의 두바이는 빠르게 성장하는 현대 도시예요. 다른 나라 회사들이 이곳으로 자꾸 옮겨 오지요. 이곳의 인구는 적으며, 일하는 사람들의 4분의 3이 다른 나라 사람이에요.

이슬람교의 성지인 메카가 있는 나라는 어디인가요?

알레포에 있는
고대 성

이스라엘, 팔레스타인 그리고 예멘 같은 나라는 인구의 반쯤이 열다섯 살이 안 된 어린이예요. 이 나라들은 더 많은 학교를 세워야 해요. 교육을 받아야 하는 어린이가 많아서지요.

시리아의 두 도시, **알레포**와 수도인 **다마스쿠스**는 세계에서 가장 오래된 도시예요. 두 도시 모두 사람들이 살기 시작한 지 4000년이 넘었지요.

팔레스타인의 여학생들

부호

- 🔴 500만 명 이상 사는 곳
- 🔴 100~500만 명이 사는 곳
- ⁙ 사람이 많이 사는 곳
- ⁖ 사람이 많이 안 사는 곳
- · 사람이 거의 안 사는 곳

이란의 수도 **테헤란**의 인구는 뉴욕과 맞먹어요. 젊은이들이 대부분이어서 도시는 활기가 넘치지요.

인도의 붐비는 도시

인도의 인구는 이 지역의 다른 큰 나라들 인구를 모두 더한 것보다 많아요. 11억 명이 넘는 인구에다, 해마다 150만 명이 늘고 있어요. 특히 인도의 8대 대도시에 사람이 많은데, 도시마다 500만 명 넘게 살고 있지요.

뭄바이는 계속 성장하고 있는 번화한 도시예요. 1400만 명이 넘는 사람들이 살고 있지요. 뭄바이 둘레에 사는 많은 사람들이 날마다 일을 하러 이곳으로 모여 들어 교통이 붐벼요.

콜카타 시내는 사람들로 붐벼요. 많은 사람이 집을 구할 여유가 없어서 빈민가의 허름한 판잣집에서 살아가지요.

뭄바이의 교통이 혼잡한 때의 모습

콜카타의 빈민가

민족과 풍습

서남·중앙아시아는 유럽과 태평양을 잇는 가운데에 있어서 문화와 종교가 아주 다양해요.
이런 다양함은 때로는 민족 사이에 다툼의 원인이 되기도 해요.
서남·중앙아시아의 나라들은 빠르게 발전하고 있지만 사람들은 여전히 고유 풍습을 지키며 살아가고 있어요.

특별한 성지 순례자, 하지

하지는 사우디아라비아에 있는 이슬람교의 성지, 메카를 순례한 사람한테 주는 이름이에요. 메카는 무슬림들한테 신성한 곳으로 여겨지며, 여러 중요한 종교 의식이 올려지지요. 무슬림들은 사는 동안 한 번은 성지 순례를 해야 해요. 메카에서 성지 순례의 모든 의식을 치른 무슬림이 비로소 하지가 되는 거예요.

순례자들이 모여 이슬람 성지에서도 가장 성스러운 카바를 돌고 있어요.

러시아의 체조 선수

러시아에는 체조 경기 우승자가 많이 있어요. 체조 경기는 안마, 뜀틀, 마루 운동 같은 운동 경기예요. 균형감과 유연성뿐만 아니라 신체 기술과 묘기, 곡예까지 보여 주어야 하지요. 스베틀라나 호르키나는 러시아에서 가장 뛰어난 체조 선수 가운데 하나예요.

평균대 위의 스베틀라나 호르키나

뱀 부리는 사람

뱀 부리는 사람이 피리를 불고 있어요. 코브라가 바구니에서 일어서 나오지요. 요즘은 보기 드물어요. 야생 동물 보호법으로 뱀을 잡을 수 없어서예요.

뱀 부리는 사람

베두인 족

아랍 어로 베두는 '사막에 사는 사람들'이라는 뜻이에요. 아라비아, 네게브, 시나이 지역의 사막을 떠도는 유목민한테 붙여진 이름이지요. 베두인 족은 오아시스 가까이의 기름진 땅을 찾아 양, 염소, 낙타 들을 이끌고 떠돌아다녀요. 생활 방식은 수수하지만 민족에 대한 자긍심이 높고 예의를 따지는 부족이에요. 요즘에는 전통 깔개를 짜거나 가죽 가방, 금속 장신구를 만들어 지역 여행 센터에 팔지요.

천막을 치는 베두인 족

거리를 돌아다니는 소

인도소는 붐비는 거리를 마음대로 돌아다녀요. 털끝만치도 다치거나 발길에 안 차이고서요. 힌두교를 믿는 인도 사람들은 소를 신성하게 여겨요. 그래서 소들이 도시를 자유롭게 다닐 수 있게 놓아두어요. 놀랍게도 소는 차 소리에도 아랑곳없이 고요하고 편안해 보이지요.

소들이 붐비는 인도 거리에서 쉬고 있어요.

증기탕

증기탕은 아주 오래전부터 있었어요. '하맘'이라고도 하지요. 고대 로마의 목욕탕처럼 친구들끼리 만나 이야기하고 쉬는 곳이에요. 이곳에서는 흔히 '때밀이'라고 하는 사람이 손님들의 때도 밀어 주고 비누 안마도 해 주어요. 손님들은 '고벡 타쉬'라고 하는 둥근 대리석 위에 엎드려 쉬지요.

대리석으로 만든 증기탕

가 볼 만한 곳

세계적으로 널리 믿는 종교들이 대부분 이곳에서 시작되었어요. 기독교, 유대교, 이슬람교, 힌두교, 그리고 불교가 있지요. 해마다 수백만 명의 관광객과 성지 순례자 들이 신성한 순례지를 둘러보려고 이곳을 찾아요.

전 세계의 등반가들이 인도 국경의 히말라야 산을 찾아요. 그들은 세계에서 가장 높은 봉우리인 **에베레스트 산**과 **케이투(K2)**를 오르지요.

네팔에 있는 **텡보체 사원**은 에베레스트 산이 잘 보이는 곳이에요. 등반가들이 산꼭대기에 오르는 길에 이곳에서 잠깐 쉬어 가지요.

예루살렘은 몇몇 주요 종교들의 성지로 여겨져요. 기독교와 유대교, 이슬람교의 성지지요. **바위 사원**은 이곳에서 으뜸으로 이름난 곳이자 순례자들한테는 성스러운 사원이에요.

타지마할은 인도 아그라에 있는 둥근 지붕의 아름다운 건축물이에요. 1600년대 인도 황제가 사랑하던 아내를 기리려고 만든 하얀 대리석 묘지지요.

아랍 에미리트, **두바이**의 높은 모래 언덕을 여행하려면 지프차가 필요해요. 지프차는 달리고 미끄러지는 짜릿한 즐거움을 주지요.

Greetings from Cappadocia

터키의 **카파도키아**에 가면 '요정들의 굴뚝'이라고 하는 바위에 뚫린 굴집이 있어요. 단단한 바위에 고깔 모양의 연한 바위를 모자처럼 얹은 것이지요. 수천 개의 수도원도 동굴을 파서 만들었어요.

Mountain monastery

Sigiriya Rocky Citadel

시기리야는 스리랑카 중앙에 있는 고대 유적지예요. 화산 폭발로 나온 마그마가 식어 만들어졌지요. 들판 위에 높게 솟아 있으며, 맨 꼭대기에는 500년대에 지어진 고대 궁궐의 유적이 남아 있어요.

Visit Turkey

터키의 **에페수스**에는 2만 4000명이 앉을 수 있는 원형 극장이 있어요. 옛날에는 야외극장이었는데, 로마 시대 검투사들이 무대에서 결투를 벌이기도 했지요.

산업

세계의 원유는 대부분 이곳에서 발견되고 있어요. 사우디아라비아, 이란, 이라크, 쿠웨이트, 아랍 에미리트, 러시아, 그리고 카타르가 대표적인 산유국이지요. 모두 원유를 팔아서 부를 쌓고 있는 나라들이에요.

원유는 땅속 깊은 곳 바위틈에 있는데 그곳의 땅을 파서 원유를 찾아내고 펌프로 끌어올리지요. 때때로 천연가스도 원유와 함께 발견되어요.

요르단의 바나나 농장에 물을 대고 있어요.

시베리아에는 엄청난 **광물 자원**이 묻혀 있어요. 석탄, 석유, 천연가스, 철광석, 다이아몬드, 금 같은 것들이지요.

페르시아 양탄자

아마도 양탄자는 아라비아의 유목민들이 천막 바닥에 깔려고 처음 만들었을 거예요. 장식이 있는 가장 오래된 양탄자는 2400여 년 전 고대 페르시아 족장의 얼어붙은 무덤에서 발견되었어요. 페르시아 즉, 오늘날 이란은 지금도 양탄자 만드는 기술의 중심지예요.

페르시아 양탄자는 아름다운 예술 작품이에요.

목화는 6000여 년 전 인도에서 처음 길러졌어요. 목화의 무르익은 씨에서 섬유를 얻어 면 옷감을 짜지요. 오늘날 면은 가장 널리 쓰이는 천연 섬유예요.

옛날 페르시아라고 불렸던 나라는 오늘날 어느 나라인가요?

이스라엘은 따뜻한 지중해성 기후 지역이에요. **지중해 과일**이 자라고 익기에 딱 좋은 곳이지요.

이스라엘 농장에서 오렌지가 익고 있어요.

향신료는 식물의 씨나 열매, 뿌리, 껍질 또는 채소 따위를 말린 것을 가리켜요. 갈아서 고운 가루로 만들어 음식의 향과 맛을 높이는 데 쓰이지요. 계피, 정향, 후추 같은 향신료는 1000년도 넘게 쓰이고 있어요.

황마는 방글라데시에서 자라요. 크고 부드러우며 반질반질한 식물성 섬유로, 실을 짜면 거칠고 튼튼한 실이 되지요. 값싼 천연 섬유 가운데 하나예요. 황마 섬유로 커피 들을 담는 튼튼한 푸대를 만들어요.

방갈로르는 '인도의 실리콘 밸리'라고 해요. 많은 정보 기술 회사가 자리하고 있어서예요. 국제적인 **컴퓨터** 시설과 **소프트웨어** 기업들 가운데 많은 수가 방갈로르에 본부를 두고 있지요.

시장에 향신료가 수북이 쌓여 있어요.

원유 시추와 정유

사우디아라비아의 커다란 정유 시설

석유나 질 낮은 원유는 까맣거나 짙은 밤빛 액체인데, 이것은 땅속 깊은 암반층에 갇혀 있다가 발견되지요. 석유는 동식물이 썩으면서 자연히 만들어지지만, 수백만 년이 걸리고, 모든 동식물이 다 석유가 되는 것도 아니에요. 사우디아라비아는 세계에서 석유 생산량이 가장 많은 나라예요. 생산한 석유의 90퍼센트를 다른 나라로 팔지요. 만약 지금같이 석유를 계속 쓴다면 세계의 석유 매장량은 앞으로 몇 십 년 뒤면 바닥나고 말 거예요.

25

교통

옛날에 서남·중앙아시아는 동양과 서양의 문화 전달과 교역에 따른 교통 중심지였어요. 낙타나 말을 타고 중앙아시아를 가로질러 서남아시아와 지중해까지 중국 비단을 주고받은 길을 '비단길(실크로드)'이라 하며, 배를 타고 중국의 동남 해안에서 시작하여 동중국해, 인도양, 페르시아 만 또는 홍해를 거쳐 서남아시아 여러 나라로 물건을 사고팔았던 길을 '바닷길'이라고 해요. 오늘날 사람들은 기차와 배, 비행기로 물건을 사고팔아요.

칙칙폭폭 산에 오르기

인도에는 식민지 시절 영국 사람들이 만든 산간 철로가 지금도 많이 남아 있어요. 이 철로는 더운 도시를 떠나 시원한 산간 마을로 가는 데 도움을 주지요. 뉴델리에서 다르질링으로 가는 기차는 구불구불 느리게 산꼭대기까지 올라가요. 가파른 비탈에서는 승객들이 내려 언덕을 올라간 후 느릿느릿 올라오는 기차를 기다리지요. 어떤 마을에서는 중심가를 잠깐 들르기도 해서 승객들은 기념품을 살 수도 있어요.

기차가 산자락을 오르고 있어요.

시베리아 횡단 철도

상상해 보세요, 기차가 14일 동안 대륙의 한쪽 끝에서 다른 끝까지 1만 2000킬로미터를 여행한다는 것을! 시베리아 횡단 철도를 타면 모스크바에서 블라디보스토크까지 갈 수 있어요. 이 철로를 놓는 데 자그마치 30년 넘게 걸렸어요. 시베리아의 수많은 거센 강과 호수, 늪을 가로지르면서 말이에요. 기차는 일 년 내내 얼어붙은 땅에 기적을 울리며 지나가요.

시베리아 횡단 열차가 역으로 들어오고 있어요.

선상 가옥

인도 남부의 쿠타나드는 땅이 바다보다 낮아 물에 잘 잠기는 널따란 땅이에요. 이곳은 강과 수로, 호수, 개펄과 작은 개울 따위가 뒤섞여 있지요. 예전에는 쿠타나드에서 코친으로 쌀을 실어 나를 때 거룻배 모양의 선상 가옥을 썼어요. 지금은 관광객들이 더 자주 쓰지요.

인도 케랄라 주의 선상 가옥

사막의 돛단배

단봉낙타는 사막에서도 먼 거리를 여행할 수 있어요. 웅덩이의 소금기 많은 물을 마시며, 무엇이든 잘 먹지요. 낙타는 짐을 잘 나르는 동물이라서 '사막의 돛단배'라고 해요. 낙타는 짐을 140 킬로그램까지 싣고 갈 수 있으며, 먹이나 물을 안 먹고도 2주 넘게 갈 수 있어요.

섬에서 섬으로!

다우선은 나무배에 삼각돛을 단 전통 아라비아 돛단배예요. 주로 아라비아 반도와 인도 연안을 항해할 때 쓰이지요. 큰 다우선에는 30여 명이, 작은 다우선에는 12명쯤이 탈 수 있어요. 다우선은 고기잡이나 먼 거리의 무역에 쓰였고 나룻배처럼 관광이나 놀이에 쓰이기도 했어요.

낙타가 줄을 지어 사막을 지나고 있어요.

아라비아의 다우선

화려한 화물 트럭

파키스탄과 아프가니스탄에서는 운전사들이 자기 차를 알리려고 화물 트럭에 그림을 그리기 시작했어요. 솜씨가 좋아져 화물 트럭은 점점 더 화려해졌어요. 오늘날 화물 트럭을 꾸며 주는 일은 산업으로 크게 발달했어요. 파키스탄의 카라치에만 무려 5만 명 넘는 사람이 이 일을 하고 있지요.

파키스탄에서는 트럭을 화려하게 꾸며요.

인도에서 낙타는 수레를 끄는 데 쓰이기도 해요.

에베레스트 산 꼭대기로

등반가들이 인도 히말라야 산맥의 에베레스트 산 자락 베이스캠프를 나선 것은 매우 이른 새벽이었어요. 모두 다음 날 저녁쯤이면 세계에서 가장 높은 산을 오를 수 있기를 바라면서요. 베이스캠프는 5000미터 높이에 있지만, 앞으로도 네 개의 캠프가 더 있어요. 기온은 벌써 영하로 내려갔지만, 산에 오를 때는 더 낮아질 거예요. 산소가 모자라 숨 쉬는 것조차 힘들어지겠지요. 등반가들은 호흡을 도와줄 산소통을 챙겼어요.

첫 번째 관문은 수직에 가까울 만큼 몹시 가파른 빙하인 쿰부 아이스폴이에요. 갈라진 얼음으로 이루어진 바위 빙하는 정말 위험하지요. 에베레스트 산 꼭대기로 오르려면, 밧줄과 사다리를 써서 빙하 속 깊은 틈인 크레바스와 폭포처럼 된 빙하인 아이스폴을 지나야 해요. 산사태가 언제든 단번에 등반대를 몽땅 쓸어 가 버릴 수도 있어요.

쿰부 아이스폴을 지나면 등반대는 얼음 계곡을 지나 캠프 2로 가요. 이곳은 더워요. 바람도 거의 없고 이글거리는 태양이 얼음에 반사되지요. 캠프 3과 캠프 4는 좀 더 위에 있어요. 둘 다 가파른 얼음 절벽에서 멀리 떨어진 곳에 있어요. 밧줄과 등반용 갈고리를 가지고 얼음 바위에 발 디딜 곳을 찾아야 해요.

이제까지 3일이 걸려 캠프 4까지 온 대원들은 이곳에서 밤새 쉬어요. 그러고는 꼭대기로 가는 마지막 등반을 하려고 동트기 전 서둘러 떠나야 해요.

등반가들은 '발코니'라고 하는 넓은 바위에서 쉬면서 눈과 바위로 된 판판한 면을 가늠해 보아요. 밧줄을 잡고 한 사람씩 올라야만 해요. 이제 에베레스트 산 꼭대기까지 오르는 데 몇 미터 안 남았어요.

티베트 고원 북쪽으로 펼쳐진 광경이 정말 아름다워요. 등반가들은 이곳 꼭대기에서 잠깐 쉬며 사진을 찍어요. 얼어붙는 듯한 추위에서 오래 머무를 수는 없어요. 산을 내려가려면 3일이 넘게 걸리는데 위험하기 짝이 없지요. 이제 내려가야 할 시간이에요.

에베레스트 산은 지구에서 가장 높은 곳이에요. 산꼭대기 높이는 해발 8848미터이지요. 히말라야 산맥의 일부인 이 산은 네팔과 티베트의 경계에 있어요. 에베레스트 산을 오르는 데는 네팔에서 이어지는 남쪽 능선과 티베트에서 이어지는 북쪽 능선 두 등반로가 많이 이용되어요. 다른 등반로도 여럿 있지만 등반객이 적어요. 등반로 두 곳 가운데는 남쪽 능선 쪽으로 오르는 게 더 쉬워요.

에베레스트 산

용어 풀이

강 넓고 길게 흐르는 물줄기예요. 강은 대부분 바다로 흘러 들어가지요.

계곡 산이나 언덕 사이에 있는 낮은 땅이에요.

고원 널따랗고 판판하며 때로는 바위가 있는 높은 벌판이에요.

고지대 산악이나 언덕처럼 높은 곳을 가리켜요.

대양 대륙을 둘러싸고 있는 커다란 소금물이에요. 대양은 지구 표면의 3분의 2를 넘게 차지하지요.

대초원 시베리아의 넓고 메마른 초원이에요. 스텝이라고 하지요.

만 바다가 육지 속으로 파고들어와 있는 곳이에요. 일부가 육지로 둘러싸여 있지요. 페르시아 만은 이란과 아라비아 반도 사이 아라비아 해의 얕은 만이에요.

모래 언덕 모래로 된 언덕이나 능선이에요. 바람에 의해 만들어진 것으로, 모양과 위치가 늘 바뀌지요.

바다 짠물이 모인 넓은 곳으로 하나로 넓게 이어져 있어요. 바다의 일부나 전부가 땅에 둘러싸여 있을 수도 있지요.

반도 삼면이 바다로 둘러싸인 좁고 긴 땅이에요.

사막 흙이 오랜 시간이 지나면서 모래로 바뀐 아주 메마른 땅이에요.

산 땅에서 아주 높이 솟아 있는 곳이에요. 언덕보다 높지요.

삼각주 강이 바다로 들어가는 어귀에 이루어진 판판하고 물기가 많은 땅이에요. 강에서 떠내려온 고운 흙, 모래와 자갈돌 들이 이곳에 쌓여 있지요. 보통 삼각형 모양을 하고 있어요.

섬 둘레가 물로 둘러싸인 대륙보다 작은 땅을 가리켜요.

오아시스 사막에 있는 샘물로, 물은 땅속에서 솟아나요.

적도 남극점과 북극점 가운데에서 지구를 빙 둘러 그린 상상의 선이에요.

타이가 타이가는 러시아 말인데, 북극권 아래에 있는 북쪽의 넓은 땅을 차지하고 있는 커다란 침엽수림을 가리켜요.

호수 땅으로 둘러싸인 커다란 물웅덩이예요. 아주아주 큰 호수는 '–해'라고 하지요.

화산 산꼭대기에 나 있는 표면의 틈이에요. 화산이 폭발할 때 지구 깊숙한 곳에 있던 용암, 화산재, 뜨거운 가스가 이곳으로 뿜어져 나와요.

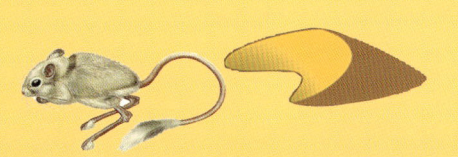

찾아보기

ㄱ
가문비나무 15
갠지스 강 10, 11
계절풍 12, 13
고벡 타쉬 21
구트라 7
금 24
기독교 22

ㄴ
낙타 16, 21, 27
날쥐 16
남회귀선 4, 5

ㄷ
다르질링 26
다우선 27
다이아몬드 24
대륙성 기후 12, 13
대추야자 15
데칸 고원 8
두바이 18, 23
디슈다샤 7

ㄹ
라호르 18
레바논 백향목 14
룹알할리 사막 8

ㅁ
마그마 23
마호메트 18
메카 18, 20
목화 24
뭄바이 18, 19

ㅂ
바그다드 6, 18
바위 사원 22
바이칼 호 11
발코니 29
발하슈 호 10
방갈로르 25
방석 식물 14
베두인 족 8, 21
베링 해 9
베링기아 9
벵골 호 10
봄베이 19
북극권 4, 5
북회귀선 4, 5
불교 22
브라마푸트라 강 10
블라디보스토크 26
비단 7
빙하 28

ㅅ
사리 7
사모바르 7
사해 10
삼각주 10, 12
샤멀 13
석유 24, 25
석탄 24
성지 22
소 17, 21
소나무 15
수염수리 16, 17
순록 16, 17
스텝 13
시기리야 23
시베리아 5, 9, 12, 13, 17, 24, 26
시베리아 호랑이 17
시베리아 횡단 철도 26

ㅇ
아그라 22
아라비아 반도 8, 27
아라비아오릭스 16
아라비아 해 10
아랄 해 10, 11
아시아코끼리 16
알래스카 9
알레포 14, 19
알하사 오아시스 10
야크 16, 17
양 21
에베레스트 산 8, 28, 29
에페수스 23
엠프티 쿼터 8
염소 21
예루살렘 6, 22
오아시스 10, 21
와디 10
요르단 강 10
우랄 산맥 8
원형 극장 23
유대교 22
이스탄불 18
이슬람교 18, 20, 22
이시쿨 호수 11
인더스 강 10
인도들소 16
인도양 5, 12, 13

ㅈ
자귀나무 꽃 15
적도 4, 5, 13

ㅊ
천연가스 24
철광석 24
첸나이 18
침엽수 15

ㅋ
카라치 18, 27
카비르 8, 9
카파도키아 23
커피나무 꽃 15
케이투 22
코브라 16, 20
코친 26
콜카타 18, 19
쿠타나드 26
쿰부 아이스폴 28

ㅌ
타이가 15
타지마할 22
텡보체 사원 22

ㅍ
튤립 14, 15
티베트 고원 29

ㅍ
팔레스타인 19
페르시아 양탄자 24
푸른 연꽃 15

ㅎ
하맘 21
하지 20
향신료 25
화산 23
환초 8
황마 25
히말라야 산맥 8, 9, 10, 11, 12
힌두교 21, 22
힌두쿠시 산 9

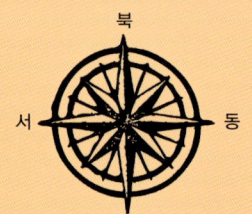 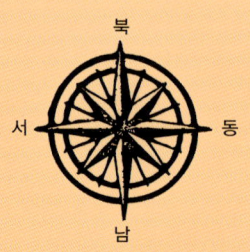

한눈에 보기

대륙
서남·중앙아시아는 유럽과 태평양을 잇는 넓은 곳이에요. 이곳 대부분은 넓다란 시베리아 평원이 있는 러시아, 인도, 인도 둘레의 여러 나라로 이루어져 있어요.

나라
서남·중앙아시아는 30여 개의 나라가 있어요.

아프가니스탄

지형
이곳에는 암석이 많은 건조한 초원이나 뜨거운 모래 사막이 많아요. 넓은 강이 구불구불 흐르고 눈 덮인 바위 산맥이 뻗어 있지요.

물길
어떤 곳은 물에 잠긴 늪이고, 어떤 곳은 너무 메말라서 물이 귀한 곳이에요. 큰 강들은 히말라야 산맥에서 시작되어요. 갠지스와 인더스, 브라마푸트라 같은 강이 있지요. 이 큰 강이 넘치면 인도, 파키스탄, 방글라데시의 삼각주에서 홍수가 나기도 해요. 러시아의 대초원인 스텝에 흐르는 수천 개의 강은 북극해로 흘러 들어가요. 이 강들로 러시아 북부에는 늪지가 많지요. 거꾸로 서남아시아는 거의 메마른 사막이에요.

기후

북부는 거의 대륙성 기후예요. 여름에는 맑고 따뜻하며 겨울에는 춥고 습하지요. 이곳에는 아주 더운 곳도, 아주 추운 곳도 있어요.

식물
북부 러시아의 침엽수림에서는 일본잎갈나무, 가문비나무, 소나무가 자라고 시베리아 들판의 얼어붙은 땅에는 방석 식물이 낮게 자라고 있어요. 인도의 열대 기후에서는 푸른 연꽃과 자귀나무 꽃처럼 화려한 꽃들이 피어나지요. 사막의 오아시스에는 대추야자가 줄지어 자라며 서남아시아의 고산 지대에서는 향나무가 자라요.

동물
이곳의 동물들은 아주 덥거나 아주 추운 곳에서 살아가요. 살아남으려고 척박한 기후에 적응한 것이지요. 야크와 순록은 넓은 발과 온몸에 난 털로 매서운 추위를 이겨 내요. 날쥐와 낙타 같은 사막 동물들은 타는 듯한 더위를 견디는 법, 아주 적은 먹이와 물로도 살아남는 법을 알고 있어요.

인구
파키스탄, 인도, 방글라데시에서는 도시와 시골 어디나 많은 사람이 살고 있어요. 이에 견주어 다른 나라들은 인구 밀도가 매우 낮아요. 서남아시아에는 큰 도시들이 몇 개 있지만, 북부에는 사람들이 거의 안 살아요.

민족과 풍습
서남·중앙아시아는 문화와 종교가 아주 다양해요. 이런 다양함은 때로는 민족 사이에 다툼의 원인이 되기도 해요.

산업
세계의 원유는 대부분 이곳에서 발견되고 있어요. 원유를 팔아 부를 쌓고 있는 나라가 많지요.

교통
옛날에 서남·중앙아시아는 동양과 서양의 문화 전달과 교역에 따른 교통 중심지였어요. 땅에서는 비단길로 바다에서는 바닷길로 교역을 했지요.

 # 꼬마 탐험가가 보는 지도책 (전 8권)

나라, 지형, 식물, 동물, 인구, 민족과 풍습, 산업 들에 이르기까지 세계의 여덟 곳을 생생한 사진과 눈에 쏙쏙 들어오는 그림으로 탐험해 보아요!

- **1권 유럽**

  작은 대륙이지만, 50여 개 나라가 옹기종기 모여 있는 유럽으로 떠나요!

- **2권 북아메리카**

  여러 문화가 함께 어우러져 있는 북아메리카로 떠나요!

- **3권 남아메리카**

  자연의 순수함을 느낄 수 있는 남아메리카로 떠나요!

- **4권 동북·동남아시아**

  세계에서 가장 많은 사람이 사는 동북·동남아시아로 떠나요!

- **5권 서남·중앙아시아**

  독특한 자연과 문화가 있는 서남·중앙아시아로 떠나요!

- **6권 아프리카**

  놀라운 자연이 살아 숨 쉬는 아프리카로 떠나요!

- **7권 오세아니아**

  세계에서 가장 작은 대륙인 오세아니아로 떠나요!

- **8권 극지방과 바다**

  신비한 극지방과 바다로 떠나요!